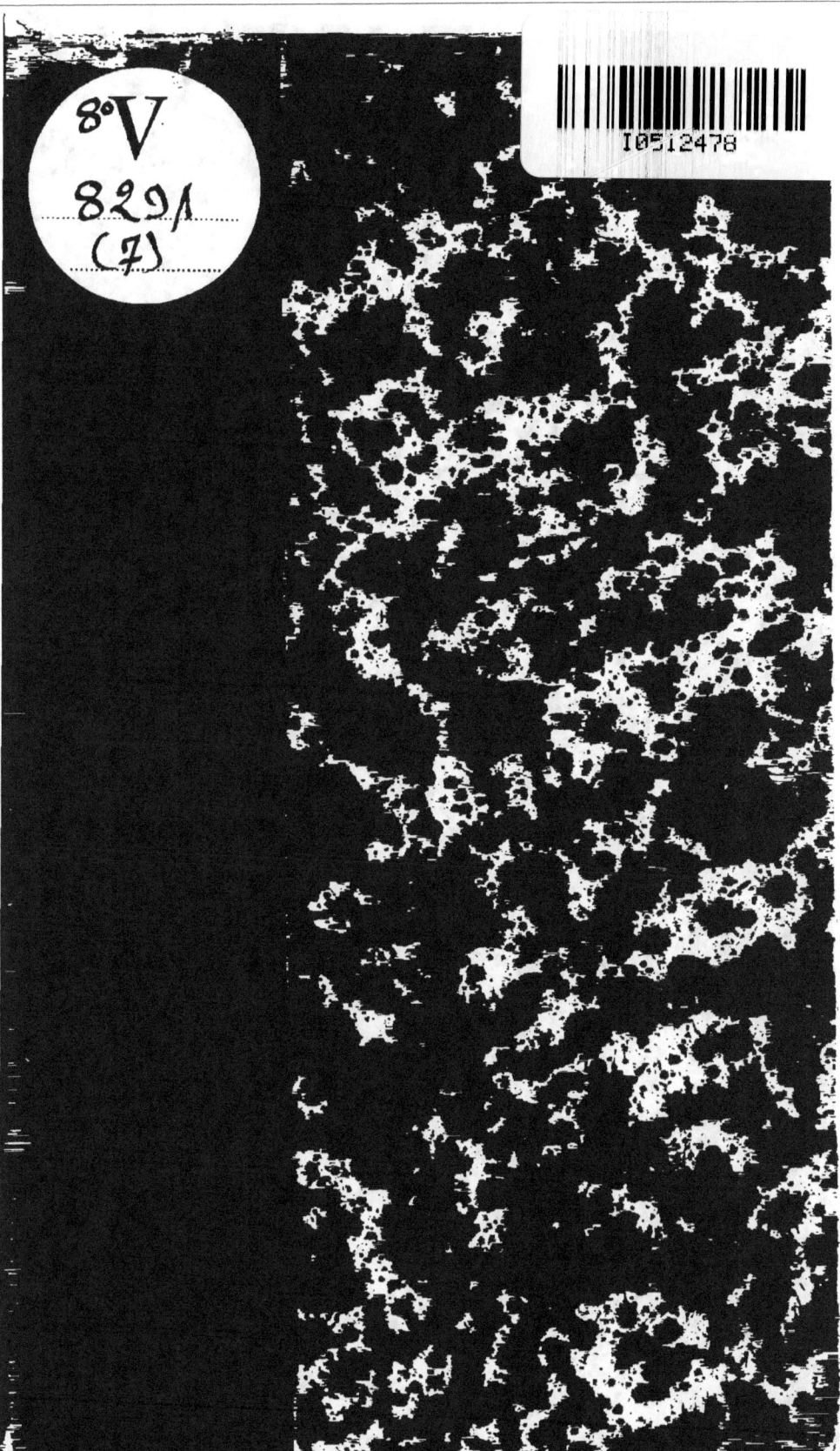

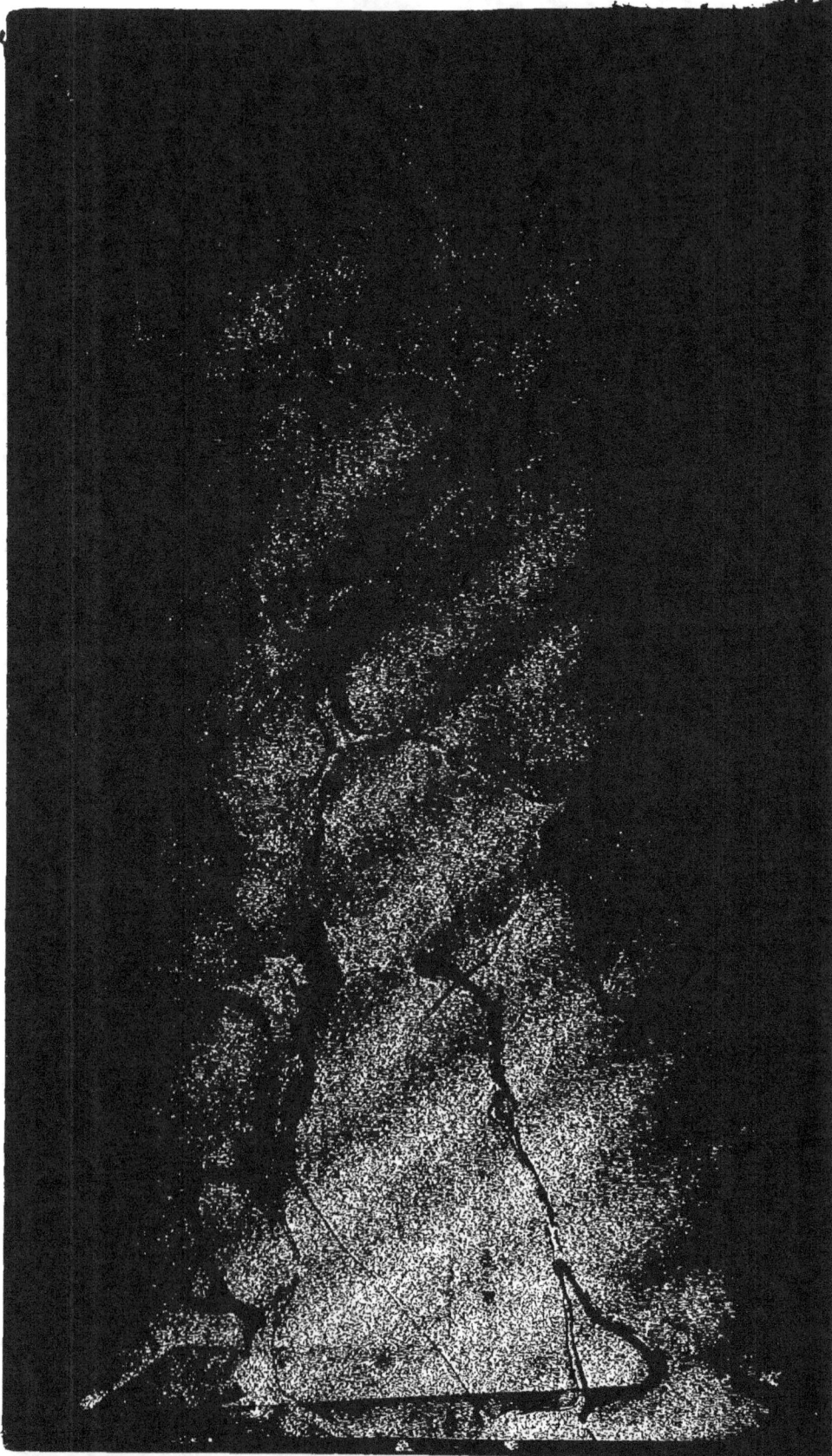

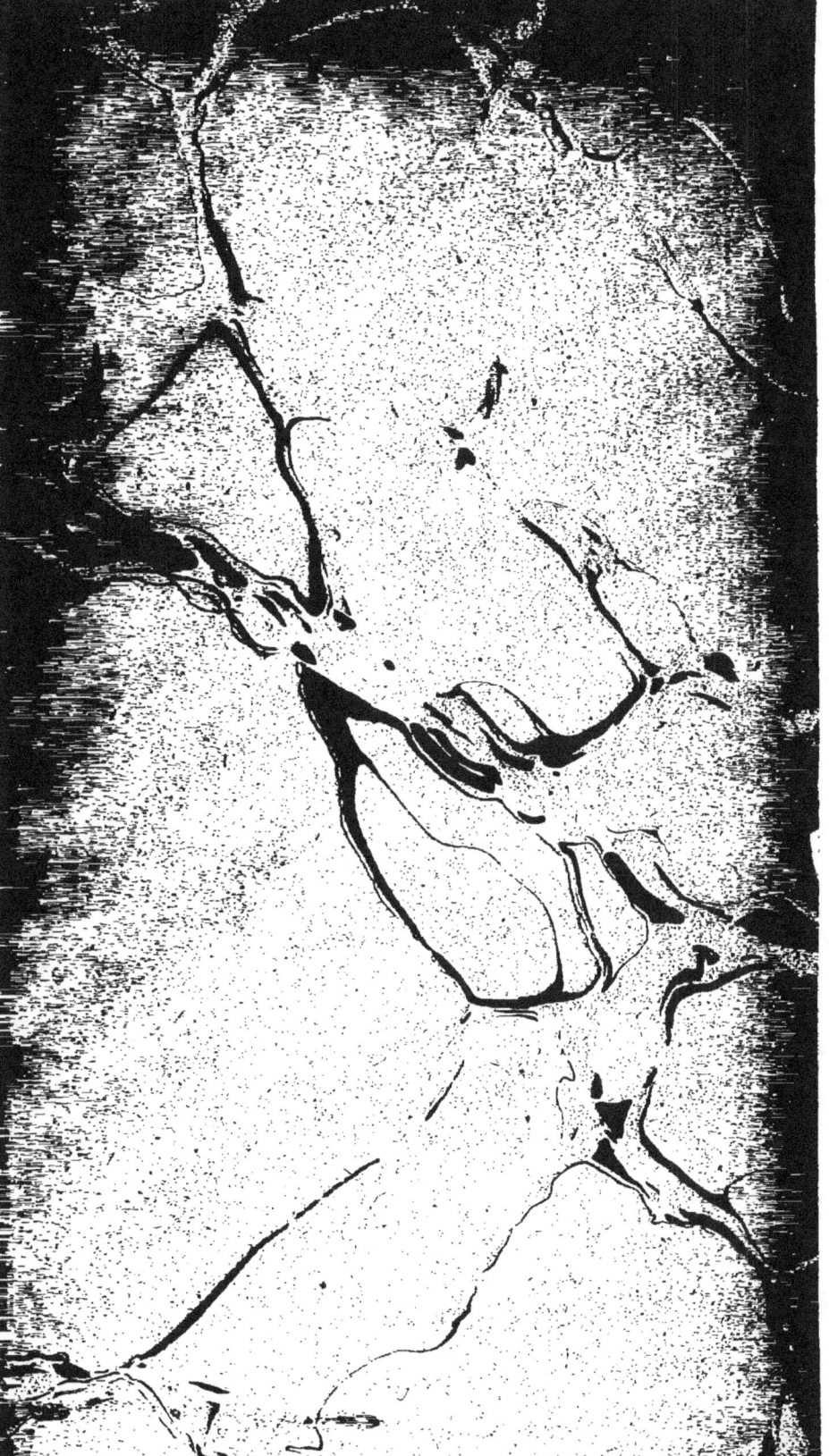

COLLECTION
DES
LIVRETS
DES
ANCIENNES EXPOSITIONS
DEPUIS 1673 JUSQU'EN 1800

SALON DE 1740

VII

PARIS
LIEPMANNSSOHN ET DUFOUR
ÉDITEURS
11, rue des Saints-Pères

MAI 1869

# EXPOSITION

## DE 1740

—

## VII

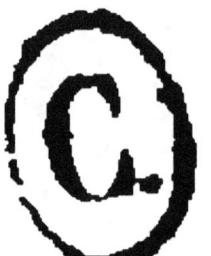

# COLLECTION

## DES

# LIVRETS

### DES

## ANCIENNES EXPOSITIONS

### DEPUIS 1673 JUSQU'EN 1800

## EXPOSITION DE 1740

PARIS

LIEPMANNSSOHN ET DUFOUR

ÉDITEURS

11, rue des Saints-Pères

MAI 1869

## NOMBRE DU TIRAGE

#### DU LIVRET DE 1740.

375 exemplaires sur papier vergé.
  25     —     sur papier de Hollande.
  10     —     sur chine.

N°

Ce livret est vendu seul 2 fr. 50.

# NOTICE BIBLIOGRAPHIQUE.

Livret :

Les exemplaires que nous avons vus ont tous 30 pages pleines, 2 pages d'arrêt et de privilége et 127 numéros. Il se pourrait cependant qu'on rencontrât des exemplaires sans les tableaux qui portent les derniers numéros à partir de 122 et qui sont rangés sous la rubrique : *Addition aux ouvrages de Messieurs de l'Académie.* Ces termes semblent indiquer quelque changement survenu dans le courant de l'Exposition; mais nous n'avons pas rencontré d'exemplaire du livret de 1740 sans cette addition.

Critiques :

Le *Mercure de France*, numéro d'octobre (p. 2270 à 2280). — Catalogue abrégé des ouvrages de Messieurs les peintres, etc... Tous les tableaux du même artiste sont énumérés dans un même article comme aux précédentes années.

Tableau allégorique exposé en 1740 au Salon du Louvre, qui représente l'histoire des négociations de la paix conclue à Utrecht en 1713. (Nous n'avons pu compléter cette indication bibliographique fort insuffisante et qui nous a été communiquée telle que nous la reproduisons. Nous ignorons même à quel tableau cette brochure ferait allusion, puisque le livret de 1740 n'en cite aucun auquel ce signalement puisse se rapporter.)

# EXPLICATION
## DES PEINTURES
### SCULPTURES
#### ET AUTRES OUVRAGES
DE MESSIEURS
DE L'ACADÉMIE ROYALE

Dont l'Expofition a été ordonnée, fuivant l'intention de SA MAJESTÉ, par M. ORRY, Miniftre d'État, Contrôleur General des Finances, Directeur General des Bâtimens, Jardins, Arts & Manufactures du Roy, & Vice-Protecteur de l'Académie ; dans le grand Salon du Louvre : à commencer le 22. Aouft 1740, pour durer trois Semaines.

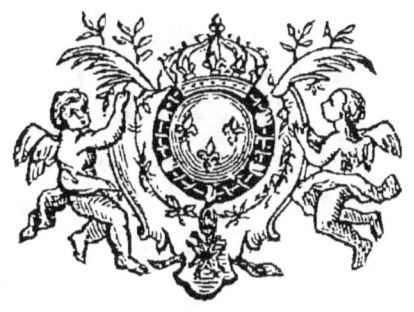

A PARIS, RUE S. JACQUES
De l'Imprimerie de JACQUES COLLOMBAT, I. Imprimeur du Roy, de la Maifon de SA MAJESTÉ, & de l'Académie Royale de Peinture & de Sculpture.

M. DCC. XL.
*AVEC PRIVILÉGE DU ROY*

# AVERTISSEMENT.

*Comme l'Expofition fe fait dans un grand Salon quarré, & que M. Stiemart, chargé du foin de cette Expofition, a été obligé, pour garder quelque ordre & fymétrie, de placer de côté & d'autre les Ouvrages d'un même Auteur, l'on a eu attention dans cette Defcription, de défigner la hauteur & largeur de tous les Tableaux de grandeur extraordinaire; & à l'égard des autres dont les formes font moyennes*

& petites, on ne pourra manquer de les reconnoître, ayant le Livre à la main, & de les trouver par le rapport des Numeros qui se trouvent sur chaque sujet de Peinture & de Sculpture.

Comme l'on n'a pû donner jusquà présent l'impression de ce petit Ouvrage, que lorsque tout l'arrangement des Tableaux étoit entiérement parachevé, l'on s'est apperçû que le Public s'impatientoit extrémement pendant les premiers jours qu'il attendoit cette Explication. C'est pourquoy on a jugé à propos, pour sa satisfaction, d'y énoncer des Numeros qui se rapportent exactement à chaque sujet, lesquels sans être de suite se pourront trouver aisément. Par ce moyen on joüira de cette Description presqu'à l'ouverture du Salon.

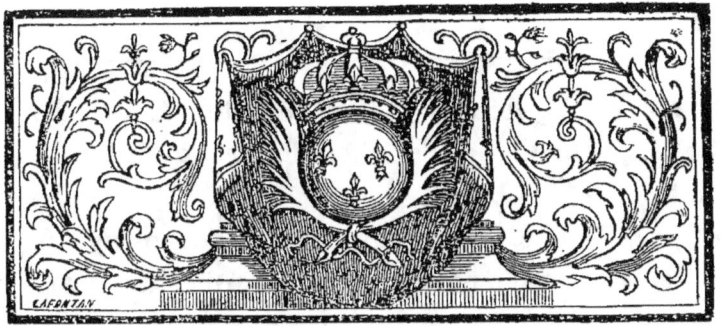

# EXPLICATION

*Des Peintures, Sculptures, & autres Ouvrages de Messieurs de l'Académie Royale.*

Sans l'Emulation, les talens languissent, & les Artistes n'étant plus excitez par l'attrait de la gloire, se relâchent quelquefois, & négligent l'immortalité. C'est donc pour remédier à cet inconvénient, que la bienveillance du Roy pour les Arts, & la sagesse du Ministére ont ordonné à l'Académie Royale des expositions de Peinture, Sculpture & Gravûre. Tant de chefs-d'œuvres dans des genres si différens, ne font pas moins l'éloge des connoissances du Prince, que celuy du génie de la Nation : & sans détailler le mérite particulier de cette fête, ne peut-on pas dire avec justice : S'il est heureux pour un Peuple d'avoir un Roy qui aime les Arts, il eſt glorieux pour un Roy quand ſon Peuple y excelle ?

---

De M. *De Troy*, Écuyer, Chevalier de l'Ordre de S. Michel, Directeur de l'Académie de France à Rome.

1. Un grand Tableau en largeur de 20. pieds ſur 11. de haut, repréſentant le Triomphe de Mardochée.

2. Autre de même hauteur ſur 14. pieds de large, repréſentant le repas d'Eſther.

---

De M. *Galoche*, Profeſſeur de l'Académie.

3. Un Tableau en largeur de 5. pieds ſur 4. de haut, repréſentant Rebecca au puits, dans le temps qu'Eliezer la vient chercher & luy apporte des preſens de la part d'Abraham.

---

De M. *Reſtout*, Profeſſeur de l'Académie.

5. Un Tableau en hauteur de 10. pieds ſur 5. de large, dont le ſujet eſt la Préſentation de la Vierge au Temple : deſtiné pour le Séminaire de la Ville de Tulles.

6. Autre de 8. pieds ſur environ 6. de large, repréſentant la Nativité de N. S., deſtiné pour la Chapelle des Dames de la ruë S. Maur, près les Incurables.

---

Explication du Tableau de la Ville, au ſujet de la Paix proclamée à Paris au mois de Juin 1739, peint par M. *Carlo Van-Loo*, Profeſſeur de l'Académie.

7. Le Roy eſt repréſenté dans ce Tableau aſſis ſur ſon Thrône, & revêtu de ſes ornemens Royaux.

Minerve qui caractériſe la Sageſſe, eſt à ſa droite; cette Déeſſe préſente au Roy un Rameau d'Olivier, qui déſigne la Paix. La Juſtice eſt à côté de Minerve; elle peſe dans ſa balance les ſentimens qui déterminent le cœur du Roy pour les douceurs de la Paix, qui ſeule peut faire le bonheur des Mortels, unique objet des ſoins de ce grand Monarque.

A la gauche du Thrône, la Paix & l'Abondance qui en procéde, ſont caractériſées ſous la même figure : La Paix aſſiſe ſur des trophées d'Armes, regarde le Roy avec tendreſſe; elle tient d'une main une branche d'Olivier, & de l'autre un Cordon qui ſert de leſſe à un Lion couché à ſes pieds, dans le ſein duquel repoſe tranquillement un Agneau; image naturelle de la ſageſſe & de l'humanité d'un grand Prince, qui veut réûnir tous les hommes, & qui prétend que l'innocence doit être en ſûreté ſous ſes Lois, & repoſer ſans crainte dans le ſein même de ſes plus grands Ennemis.

Du haut du Thrône ſort la Renommée, qui annonce à l'Univers les vertus du Roy, & les biens qui en réſultent pour toutes les Nations.

Le reſte du Tableau eſt occupé par Meſſieurs les Prévôt des Marchands & Echevins de la Ville de Paris, qui viennent rendre de tres-humbles actions de graces au Roy, des biens que ſa bonté & ſa ſageſſe procurent à ſes Sujets, & que ſes vertus voudroient rendre univerſelles.

Une magnifique Architecture, & la Ville de Paris en perſpective, forment le fond du Tableau, qui a 13. pieds de large ſur 11. de haut.

8. Autre. Un petit ovale, repréſentant le Portrait de la Fille de M. Carlo Van-Loo, âgée d'environ trois ans.

---

De M. *Boucher*, Profeſſeur de l'Académie.

9. Un Tableau en largeur de 5. pieds ſur 4. de haut, repréſentant la naiſſance de Venus, où cette Déeſſe paroît ſortir du ſein des Eaux avec les Graces, accompagnée des Tritons, des Nereïdes & des Amours.

10. Autre de même grandeur, repréſentant une Foreſt.

11. Un Païſage auſſi de pareille grandeur, où l'on voit un Moulin.

---

De M. *Natoire*, Profeſſeur de l'Académie.

12. Un petit Tableau repréſentant Adam & Eve aprés leur peché.

13. Autre, à peu près de même grandeur, repréſentant un Fleuve & une Fontaine.

---

De M. *Collin de Vermont*, Profeſſeur de l'Académie.

14. Un grand Tableau en largeur de 14. pieds ſur 11. de haut, repréſentant l'arrivée de Roger, Prince Africain, dans l'Iſle de l'Enchantereſſe Alcine, qui deſcend de ſon Palais pour venir au-devant de luy, accompagnée de ſes Femmes & de pluſieurs Amours, dont les uns s'emparent de ſes armes, & les autres s'empreſſent à l'enchaîner avec des Guirlandes de Fleurs. Ce Tableau eſt peint pour le Roy, & doit s'executer en Tapiſſerie aux Gobelins.

15. Autre en hauteur de 10. pieds fur 5. de largᵉ, ceintré par le haut, repréfentant une defcente de Croix.

16. Autre de pareille forme & grandeur, repréfentant une Annonciation.

---

De M. *Adam l'aîné*, Adjoint à Profeffeur.

17. Un Bufte de Vieillard mordu d'un Serpent à la gorge, exprimant la douleur; fait en terre cuite.

18. Un Modéle d'Enfant en plâtre, affis fur une Coquille, pleurant d'avoir été pincé à la main par une Ecreviffe; ce morceau doit s'executer en bronze, pour une Fontaine dans une Salle, & faire le pendant à la figure d'une petite Fille, que l'Auteur achéve, qui rira d'un Oifeau qu'elle tient entre fes mains.

19. Une Efquiffe auffi en terre cuite, repréfentant le maffacre des Innocens, où l'on voit une Mere qui s'empreffe de retirer fon Enfant foulé aux pieds, & une autre s'efforce de défendre celuy qu'elle tient entre fes bras.

---

De M. *Oudry*, Adjoint à Profeffeur.

20. Un Tableau en largeur de 8. pieds fur 6. de haut, repréfentant un Léopard; peint pour le Roy.

21. Autre de 4. pieds & demy de hauteur fur 3. & demy de largeur, repréfentant un Chien baffet, au deffus duquel il y a un Faifan groupé avec un Lapin, & à côté un Fufil. Ce Tableau appartient à M. le Comte de Teffin.

22. Autre de 5. pieds en largeur fur 4. de hauteur, repréfentant un Chien en arrêt fur une Perdrix rouge.

23. Autre de même grandeur, repréfentant un Oifeau de proye qui fond fur des Canards.

24. Autre auffi de pareille grandeur, repréfentant une Outarde & une Pintade.

25. Un Tableau de 2. pieds 10. pouces fur 2. pieds 4. pouces de hauteur, repréfentant un Chien barbet qui furprend un Cigne fur fes œufs.

26. Un Tableau de 2. pieds & demy de large fur 2. de haut, repréfentant des Vaches & des Moutons.

27. Autre de même grandeur, repréfentant la Maifon d'un Jardinier.

28. Autre de pareille grandeur, repréfentant des Fruits & des Légumes.

29. Autre petit de 2. pieds de large fur un & demy de hauteur, repréfentant un Païfage.

---

De M. *Defportes*, Confeiller de l'Académie.

30. Un grand Tableau en largeur d'environ 14. pieds fur onze de hauteur, le fixiéme de la tenture des Indes qui doit être executé en Tapifferie aux Gobelins, repréfentant un Chaffeur Indien tenant fon arc, qui fe repofe appuyé contre un Figuier d'inde, dont le tronc, les branches & le fruit font très-finguliers; plufieurs Oifeaux des mêmes climats font perchez fur les branches. Dans le même Tableau paroît un grand arbre portant des Limons, les fleurs & les fruits duquel forment un fond neceffaire audit Figuier. Au côté gauche eft un autre grand arbre, d'où fe tire le fang de Dragon, dont le pied eft environné de plantes de Melon de Genes & du Rofeau panaché. Entre ces arbres il y

a une Demoiselle de Numidie, & un Cafuel groupez enfemble. A l'autre côté du Tableau, dans une riviere qui paffe au bas, fe voyent beaucoup de poiffons & de reptiles extraordinaires.

31. Autre Tableau en largeur de 5. pieds fur plus de 4. de haut, qui repréfente un Païfage orné de quelques Figures & d'Animaux.

32. Autre plus petit, repréfentant deux Faifans morts, jettez contre un tronc d'arbre auprés d'une plante de Pavot, avec des Perdrix rouges & grifes; & derriere, un Chien couchant qui femble les garder.

33. Autre plus petit, repréfentant un Vieillard dans une Grotte obfcure, occupé de la lecture d'un Livre.

34. Autre plus petit, imitant un bas relief de marbre blanc, fali par le temps, qui repréfente des Enfans joüans enfemble.

---

De M. *Jouvenet*, Académicien.

35. Un Tableau repréfentant le Portrait de M. Hebert, Confeiller du Roy, Commiffaire au Châtelet; en Robe.

36. Autre, repréfentant M. Hotterelle.

37. Autre, repréfentant M. Villars, Baigneur.

---

De M. *Maffe*, Académicien.

38. Un petit Tableau repréfentant Saint Michel qui foule aux pieds le Diable.

---

De M. *Courtin*, Académicien.

39. Un Tableau de fantaifie, qui repréfente une

jeune Perſonne careſſant une Colombe, que l'on peut appeller une Prêtreſſe de Venus.

40. Autre, repréſentant Aſſuerus dans ſon Thrône, qui raſſure Eſther preſque évanoüie, en la touchant de ſon Sceptre d'or, pour luy faire entendre qu'il n'y a point de danger pour elle.

41. Un Portrait repréſentant M. Bonnedame, ſimplement accommodé, ayant une main qui tient ſa draperie.

42. Autre petit Portrait de Femme, peinte ſur une Glace de l'autre côté.

43. Autre plus petit, auſſi peint ſur le derriere de la Glace, repréſentant la Fille de l'Auteur.

De M. *Allou*, Académicien.

44. Un Portrait en Buſte, repréſentant M. l'Abbé de Rouvroy.

45. Autre de même grandeur, repréſentant M. Deſhayes en habit Polonois.

De M. *Allegrain*, Académicien.

46. Un Tableau en largeur de 6. pieds ſur 4. de haut, repréſentant un Païſage.

De M. *De La Joue*, Académicien.

47. Un Tableau de Cabinet de forme chantournée, en largeur d'environ 4 pieds & demy ſur plus de 3. de haut, repréſentant Neptune avec ſes attributs colorez en bronze, dans une Coquille formant une caſcade qui ſe termine en nappe d'eau dans un Baſſin; le reſte du Tableau d'un goût de fantaiſie pitoreſque, eſt

orné de Figures habillées à l'Espagnole, d'Architecture, Colonades, Sculptures, Treillages, Bosquets, & diverses chûtes d'eau.

48. Autre de même forme & grandeur faisant son Pendant, où paroît le Grand Seigneur sur un Tapis de Turquie, avec une Sultane appuyée sur un Négre dans un Jardin de plaisance : ce Tableau est pareillement orné de païsage. Dans le lointain est un Bosquet formé par des Treillages, Architecture, Sculptures, & differens mouvemens excitez par la chûte des eaux.

49. Autre Tableau plus petit, représentant une Marine, où l'on voit sur le devant un Port dans lequel plusieurs Matelots sont occupez à remuer des Ballots; & un Cheval prêt à tirer un Traîneau chargé : A la droite sont des ruines d'Architecture, et des restes de Sculptures, avec un Païsage dans le lointain. A gauche est une Allée d'arbres ou paroît un grand Bassin; sur le devant une Chaloupe à la rade, & plus loin un Vaisseau; le fond est terminé par un Soleil couchant.

---

De M. *Huilliot*, Académicien.

50. Un grand Tableau de 6. pieds & demy de haut sur 5. de large, représentant un Buffet champêtre dans une Grotte rustique, autour de laquelle sont des Arbres entrelacez de gros seps de vigne chargez de raisins; dans le milieu un Pied'estal concave portant un Buste de Faune; sur la Table une Soucoupe remplie de fruits; un Linge sur lequel est un Pain, & un Jambon dans un plat de Fayence; à un Arbre est attaché un Cor de

chaſſe avec un Canard ſauvage, au bas une Perdrix griſe, & attributs de chaſſe; le bas de la Grotte forme une eſpece de Fontaine où rafraîchiſſent des Carafes.

51. Autre grand Tableau de 6. pieds & demy de haut ſur 4. de large, ſervant de Buffet, où eſt un grand Rideau de velours verd, garni d'une Crépine d'or; une Table portant un ceintre de verd campan, ſur lequel eſt le Buſte de Bacchus, couronné & entouré d'une petite Guirlande de raiſins; ſur la Table une Corbeille remplie de fruits; deux Vaſes de différentes Agathe, enrichis de bas reliefs; ſur la même Table une nappe où ſont poſez deux Pains & une Mortadelle; au bas un ſurtout garni de fruits, porté par deux Satyres rehauſſez d'or; dans le milieu un bas relief de Lapis repréſentant un Bacchanal; au bas une Cuvette de porphyre où rafraîchiſſent des bouteilles; de l'autre côté un jeune Négre étourdi qui s'amuſant à regarder un Moineau, penche ſa Soucoupe, & en laiſſe tomber les Verres.

52. Autre de 5. pieds de large ſur 3. de haut, ſervant de deſſus de Porte dans le Cabinet de M. Porlier, repréſentant les belles Lettres, figurées par les Attributs qui leur conviennent, & les récompenſes dûës à leur merite; le fond eſt une Bibliotheque.

53. Autre de même forme & grandeur pour le même Cabinet, repréſentant les Arts: l'Agriculture, par un vaſe rempli de Fleurs: la Peinture, par une Palette garnie, poſée ſur un Livre ſous lequel eſt un Porte crayon: la Sculpture, par une Minerve en bronze, & outils convenables: Au deſſous, la Gravûre & le Deſſein: la Muſique, par une Lyre poſée ſur un Luth, au deſ-

fous duquel eſt un Livre de Muſique: le Militaire, par un Plan de Fortification, Sabre & Bouclier : la Médecine y eſt auſſi repréſentée : le fond eſt l'Architecture.

54. Autre de 4. pieds & demy de haut fur 3. de large, où paroît une table fur laquelle eſt un grand vaſe d'or enrichi de petits Génies de ſemblable matiere; Du haut du vaſe tombe une grande Guirlande de fleurs choiſies; d'un côté eſt une colonne de jaſpe, autour de laquelle eſt un grand rideau qui tombe fur la table, une Flûte traverſiere, & un Livre de Muſique; de l'autre côté une Corbeille remplie de fruits, & un petit Ecureüil qui en mange.

---

De M. *De Lyen*, Académicien.

55. Un Tableau en hauteur de 5. pieds fur 4. de large, repréſentant le Portrait juſqu'aux genoux de M. Meliand Conſeiller d'honneur au Parlement de Paris.

56. Autre de 3. pieds de large fur 4. de haut, repréſentant la Lanterne Magique.

57. Autre de même forme & grandeur, repréſentant la Marmotte.

---

De M. *Chardin*, Académicien.

58. Un Tableau repréſentant un Singe qui peint.

59. Autre; le Singe de la Philoſophie.

60. Autre; la Mere laborieuſe.

61. Autre; le Benedicite.

62. Autre; la petite Maîtreſſe d'Ecole.

De M. *Drouais*, Académicien.

63. Un Cadre qui renferme plufieurs Portraits en miniature, fous une glace.

De M. *De Grevenbroek*, Académicien.

64. Un Tableau en largeur de 5. pieds fur 3. de haut, peint pour le Roy, repréfentant la feconde vûë de Paris, prife du côté des champs Elifées.

65. Autre repréfentant la vûë du Château de Vaugien, qui paroît fur le devant; un peu plus loin, le Village de S. Remy, le Château de Goubertin, & dans le lointain, la Ville de Chevreufe.

66. Autre, repréfentant la Maifon d'Etiol, de M. Le Normant de Tournean, Fermier General, où l'on voit Petitbourg & les principales Maifons des environs.

67. Autre vûë fervant de Pendant, prife du Château de Petitbourg, où l'on voit la même Maifon du côté du Parterre, & la Ville de Melun dans le lointain.

68. Autre petit Tableau de fantaifie, repréfentant un Port de Mer.

De M. *Francifque Milet*, Académicien.

69. Un petit Païfage, avec cinq Figures.

70. Autre, repréfentant un Soleil couchant, orné de Figures & d'Animaux au bord de l'eau.

71. Autre de même grandeur, repréfentant une rencontre d'Amis.

72. Autre Païfage de 4. pieds fur 3. repréfentant un Vieillard qui s'amufe avec fa petite Fille, en préfence de fa Mere.

73. Autre de même forme & grandeur, orné de Figures fur le devant, & d'autres dans un chemin.

74. Autre de même forme & grandeur, où l'on voit un Joüeur de Mufette, & des gens qui l'écoutent.

75. Autre de même grandeur, orné de Figures & d'Animaux.

76. Autre plus petit, repréfentant des Voyageurs qui paffent fur un Pont.

77. Autre de même grandeur, où l'on voit deux Soldats affis.

78. Autre plus petit repréfentant un Cheval nommé le Gridelin deuxiéme, que monte Monfeigneur le Dauphin.

79. Autre en hauteur de 3. pieds, repréfentant un Groupe de cinq figures fur le devant.

80. Autre de deux pieds en quarré, orné de Figures.

81. Autre plus petit, orné de Figures & d'Animaux.

82. Autre petit, repréfentant une Femme fur un Mulet.

83. Autre de même grandeur, repréfentant un Soleil couchant.

---

De M. *Delobel*, Académicien.

84. Un Tableau peint pour le Roy, en largeur de 17. pieds & demy fur onze de haut, repréfentant l'âge d'Or, dont voicy la defcription.

Dans cet heureux temps les hommes ne vivoient que de ce que la fimple nature leur préfentoit. L'innocence & la pudeur régnoient par tout; la Déeffe

Aftrée habitoit avec eux ; elle leur apprit à joindre le miel à leurs alimens : les Animaux les plus féroces étoient au milieu d'eux fans leur faire aucun mal, & fe plaifoient à recevoir leur nourriture des mains des hommes ; l'innocent Agneau étoit careffé par le Loup.

Ce Tableau avoit été ordonné à feu M. *Tremolieres*, Peintre habile, dont chacun admire les Ouvrages ; la mort l'enleva dans le temps qu'il n'avoit encore fait que les deux Figures du Groupe du milieu, M. *Delobel*, Académicien, à qui on l'a confié pour le finir, a apporté toutes fes attentions pour rendre ce Tableau dans le goût de fon illuftre Confrére, en y faifant les augmentations convenables.

---

De M. *Aved*, Académicien.

85. Un Tableau repréfentant M. du Theil, Sécretaire du Cabinet du Roy, premier Commis des Affaires étrangeres, ci-devant Miniftre & Plénipotentiaire de Sa Majefté auprès de l'Empereur, au moment qu'il vient de figner un des Actes de la derniere Pacification.

86. Autre portrait jufqu'au genou, de M. le Comte de Teffin, dans fon Cabinet, tenant un Eftampe de Jules Romain.

87. Le Portrait de M. Racine, de l'Académie des Infcriptions, en habit de velours noir, appuyé fur un Bureau.

88. Le Portrait de Madame de Meinieres, tenant un petit Chien.

89. Autre portrait de M. l'Abbé Caperonier, Profef-

feur du Collége Royal pour la Langue Grecque, appuyé fur fon Quintilien.

---

De M. *Dumons*, Académicien.

90. Un Tableau en largeur de 4. pieds fur trois de haut, repréfentant Venus, & l'Amour piqué par une Abeille.

---

De M. *Lamy*, Académicien.

91. Un Tableau en largeur de 5. pieds fur 4. de haut, repréfentant le mariage de Cupidon avec Pfiché, dont voicy l'explication.

Jupiter voulant réprimer les feux immodérez de Cupidon, fait affembler les Divinitez, en préfence defquelles il donne Pfiché en mariage à ce Dieu : & pour rendre les conditions égales, il accorde à cette Fille l'Immortalité, en luy faifant boire l'Ambrofie qu'il luy préfente.

Tiré du VI. Livre d'Apulée.

---

De M. *Boifot*, Académicien.

92. Un Tableau de 5. pieds fur 4. de haut, repréfentant Renaud qui quitte Armide, par le confeil des Chevaliers qui le preffent de retourner au Camp de Godefroy. Armide tombe évanoüie à ce départ au pied de Renaud, qui s'efforce de retenir fes pleurs.

---

De M. *Poitreau*, Académicien.

93. Un grand Tableau de 9. pieds de hauteur fur 6. de large, repréfentant un Païfage, où l'on voit un

Moulin entre deux Rochers au bas d'une Montagne efcarpée, dont les eaux fortent par plufieurs Vannes & par le Déchargeoir, au-deffous duquel font deux Pêcheurs; à côté, une Bergere qui file en gardant fon troupeau; fur le devant paroiffent des Chaffeurs, dont l'un fe prépare à tirer, l'autre fe repofe au pied d'un arbre, ayant auprès de luy fon Gibier & fon Chien, & le troifiéme charge fon Fufil.

94. Autre plus petit, repréfentant un Couchant, où l'on voit un Pertuis pour le paffage des bateaux; & au bas font trois Pêcheurs qui retirent le poiffon de l'Epervier.

---

De M. *Chatelain*, Académicien.

95. Un petit Païfage repréfentant la faifon de l'Automne.

96. Autre de même grandeur, repréfentant l'Hyver, où paroît un clair de Lune.

---

Six Sujets en gravûre, de M. *Lépicié*, Sécretaire & Hiftoriographe de l'Académie.

La Gouvernante, d'après M. *Chardin*.

La petite Maîtreffe d'Ecole, d'après le même.

Le Flûteur & l'Efpagnolette, d'après M. *Grimoud*.

Le portrait de Mademoifelle de Seine, époufe de M. Dufrefne, d'après M. *Aved*.

Le portrait de Mademoifelle Defmarets.

---

De M. *Le Blanc*, Académicien, Graveur des Médailles de Sa Majefté.

97. Plufieurs Médailles de l'Hiftoire du Roy, renfermées fous une Glace.

De M. *Duvivier*, Académicien, Graveur des Médailles de Sa Majeſté.

98. Médaille de l'Hiſtoire du Roy.

D'un côté, le Buſte du Roy.

De l'autre côté, la République de Genéve, pacifiée par la médiation du Roy, avec ces mots pour légende : RESPUB. GENEVENSIS PACATA.

A l'exergue, M. DCC. XXXVIII.

JETTONS.

Deſſein pour les Jettons de l'Aſſemblée du Clergé en 1740. qui repréſente la Religion montrant un Arc-en-ciel qui ſe réſoud en pluye ſur un champ ſemé de Lys. Pour légende : NUMQUAM FOEDERIS IM-MEMOR.

Jetton gravé ſur ce deſſein.

Le Buſte du Roy en Manteau & Colier de l'Ordre du S. Eſprit, nouvellement gravé pour les Etats de Bourgogne.

La tête de M. Chaumel, Doyen de la Faculté de Médecine de Paris.

---

De M. *Thomaſſin*, Académicien.

Le Portrait en pied de Monſeigneur le Dauphin, gravé d'après M. *Tocqué*.

---

Deux Sujets des Œuvres gravées par M. *Cochin*, Académicien.

L'Ecureuſe, } d'après
Le Garçon Caberetier, } M. *Chardin*.

Un Sujet des Œuvres gravées par M. *Surugue*, Académicien.

Repréfentant la Defcente d'Enée aux Enfers, d'après M. *Coypel*.

---

Trois Sujets des Œuvres gravées de M. *Moireau*, Académicien.

Petite Chaffe à l'Oifeau, d'après *Wauvermens*.

Deux Sujets des quatre Ages, d'après M. *Raoux*; l'un repréfente l'Enfance; & l'autre, la Jeuneffe.

---

## OUVRAGES DE MESSIEURS

### les Agréez de l'Académie.

De M. *Bouchardon*.

Trois Modéles en plâtre, qui feront placez à la Fontaine que la Ville fait conftruire rue de Grenelle. Fauxbourg S. Germain.

99. Le premier repréfente la Ville de Paris, affife fur une Proüe de Vaiffeau.

100. Le fecond repréfente une Nymphe appuyée fur fon Urne, qui défigne la Riviere de Marne. De l'autre côté le Fleuve de la Seine.

---

De M. *Adam, le cadet*.

101. Le Modéle en plâtre d'un Fronton repréfentant S. Maur, qui implore le fecours du Seigneur, pour la guérifon d'un Enfant mis à fes pieds par fa Mere affli-

gée; ce Saint luy pofant fur la tête l'Etole que S. Benoift luy avoit donnée quand il reçût les Ordres.

Cet Ouvrage s'execute actuellement en grand au Bâtiment de l'Abbaye S. Denis.

102. Un bas relief de terre cuite, repréfentant Iphigenie au moment qu'elle va recevoir le coup de la mort pour être immolée; Diane fatisfaite du vœu, & touchée de compaffion, enleve cette Princeffe infortunée, & promet au Roy Agamemnon, fon pere, une heureufe navigation jufqu'à Troye; & le Grand Prêtre fubftituë une Biche à la place d'Iphigenie.

---

De M. *Lebas*.

Huit Sujets pour la Traduction Angloise de l'Hiftoire ancienne de M. Robin.

Rendez-vous de Chaffe,   ⎫  d'après
Le Chaffeur fortuné,     ⎬  *Van-Falens.*

---

De M. *Autereau*.

103. Un Portrait de M. Defarcy.
104. Autre de M. Le Roy.
105. Autre de M. Joubert.
106. Celuy de madame fon Epoufe.

---

De M. *La Datte*.

107. Un Modéle en terre cuite des Armes du Roy, foutenues de deux Enfans.

108. Autre Modéle de terre cuite, de la proportion de deux pieds, repréfentant Saint Auguftin.

109. Autre, repréfentant l'enlevement de Proferpine par Pluton, au moment que la Nymphe Axiane s'efforce d'arrêter le Char de ce Dieu.

De M. *Francin*.

110. Deux Efquiffes d'Anges qui ont été faits pour le fronton du Portail de S. Roch.

111. Le Modéle en terre d'un Groupe de deux Peres de l'Eglife Latine, pour le même Portail, actuellement placé du côté gauche; l'Auteur faifant actuellement le Pendant, auffi compofé de deux autres Peres de l'Eglife.

112. Deux Modéles d'Anges joüans des inftrumens, qui ont été placez dans le coin de l'Arcade qui foutient l'Orgue.

---

Deux Sujets des 4. Elemens, le Feu & l'Eau, gravés par M. *Aveline*, agréé de l'Académie.

---

De M. *Delatour*.

113. Un Portrait en Paftel, repréfentant M. de Bachaumont.

114. Autre, repréfentant Madame Duret, dans une bordure ovale.

115. Un Portrait jufqu'aux genoux, de M. de *** qui prend du Tabac.

---

De M. *Vandervoort*.

116 *bis*. Deux Baigneufes.

---

De M. *Fenouil*.

117. Un Portrait jufqu'aux genoux, de M. de Maziere, en habit de velours canelle, écrivant dans fon Cabinet.

118. Autre de même grandeur, repréfentant Madame

fon Epoufe, en Robe de velours, couleur de Cerife, affife fur un Canapé.

119. Un Portrait en bufte de M. Guldiman, officier aux Gardes Suiffes, dans fon habit d'uniforme.

120.. Autre de même grandeur; Madame Dumefnil en Mantelet noir.

121. Autre plus petit, repréfentant une Dame âgée, en Coëffe.

## ADDITION AUX OUVRAGES

### de Meſſieurs de l'Académie.

De M. *Nattier*.
122. Un Tableau de 4. pieds en quarré, repréfentant la Prudence.

De M. le chevalier *Dorigny*.
123. Un Tableau repréfentant une Sainte Famille.
124. Autre. Un S. François.

De M. *Lancret*, Confeiller de l'Académie.
125. Un Tableau repréfentant une danfe champêtre.

De M. le Chevalier *Servandoni*, Académicien.
126. Un Sujet de Ruine & Païfage.

De M. *Aved*, Académicien.

127. Le Portrait en forme ovale, de Madame fon Epoufe.

Le tout décoré par M. *Stiémart*, Académicien.

Recüeilli & mis en ordre par les foins de Jean Baptifte Reydellet, Receveur & Concierge de l'Académie.

---

Il feroit à fouhaiter que l'on pût voir dans le Salon, les deux Groupes dont M. *Couftou* a fait les Modéles en grand, pour le Roy, qui doivent être placez à Marly; mais n'êtans point tranfportables, ils ne peuvent être vûs que des Curieux, qui voudront prendre la peine de les aller voir dans l'Attelier où ils ont été faits, au coin de la Cour du vieux Louvre, joignant M. le Duc de Nevers.

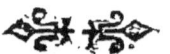

Nogent-le-Rotrou, Imprimerie de A. Gouverneur.

# CONDITIONS DE LA SOUSCRIPTION

### A LA

# RÉIMPRESSION DES ANCIENS LIVRETS

---

Chaque volume sera livré aux souscripteurs moyennant le prix :

De 1 fr. 25 sur papier vergé;

De 2 fr. 50 sur papier de Hollande;

De 3 fr. sur papier de chine.

Les souscripteurs de Paris recevront les volumes à domicile. Ceux de province ou de l'étranger pourront se les faire envoyer en payant en surplus les frais de poste, s'ils ne préfèrent les faire réclamer aux bureaux de souscription.

*On souscrit :*

Chez : MM. LIEPMANNSSOHN ET DUFOUR, libraires, 11, rue des Saints-Pères;

M. DUMOULIN, libraire, 13, quai des Augustins;

A la *Librairie des Auteurs et de l'Académie des Bibliophiles*, 10, rue de la Bourse;

Aux bureaux de la *Gazette des Beaux-Arts*, 55, rue Vivienne.

---

Nogent-le-Rotrou, imprimerie de A. Gouverneur.

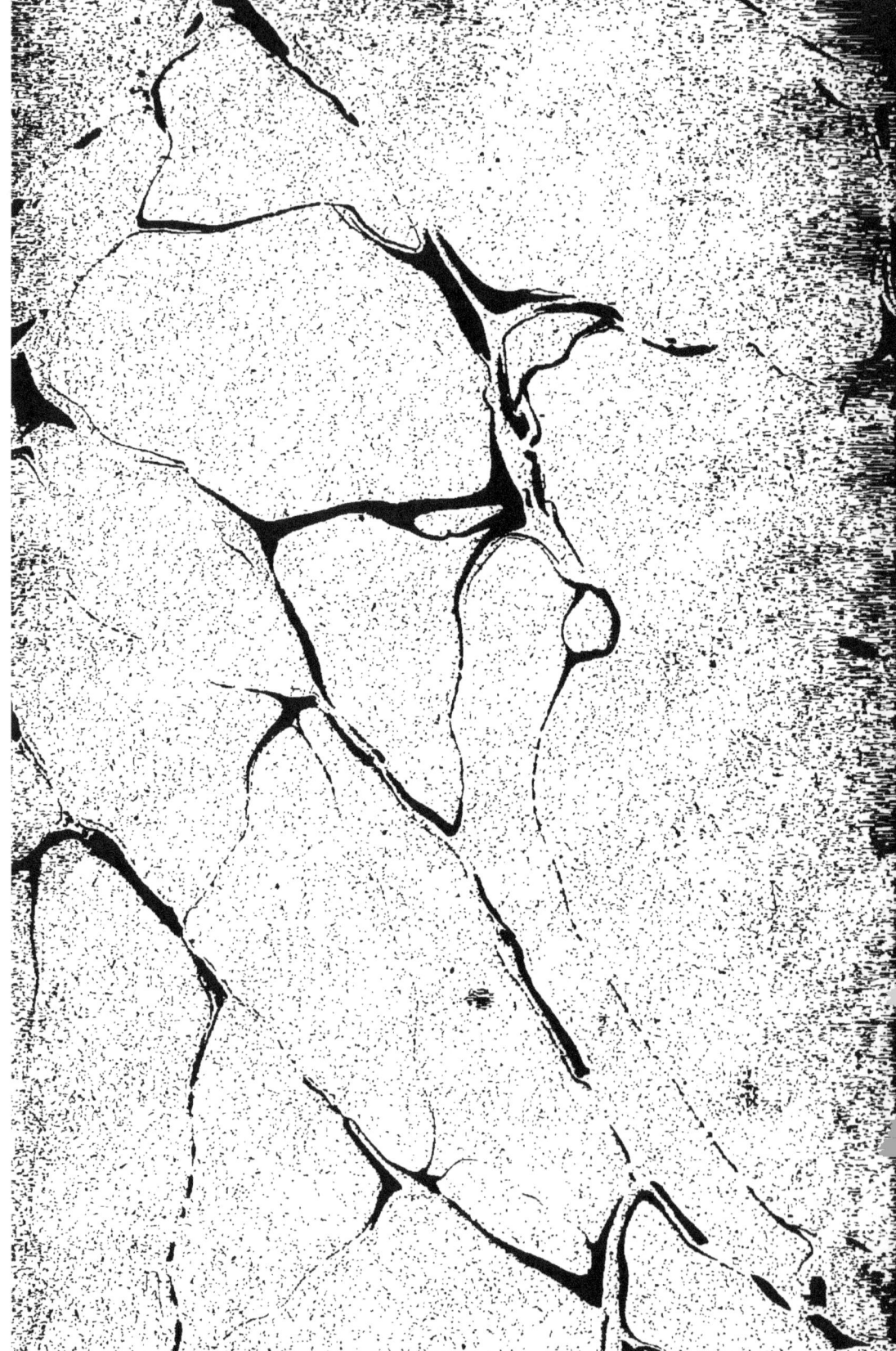

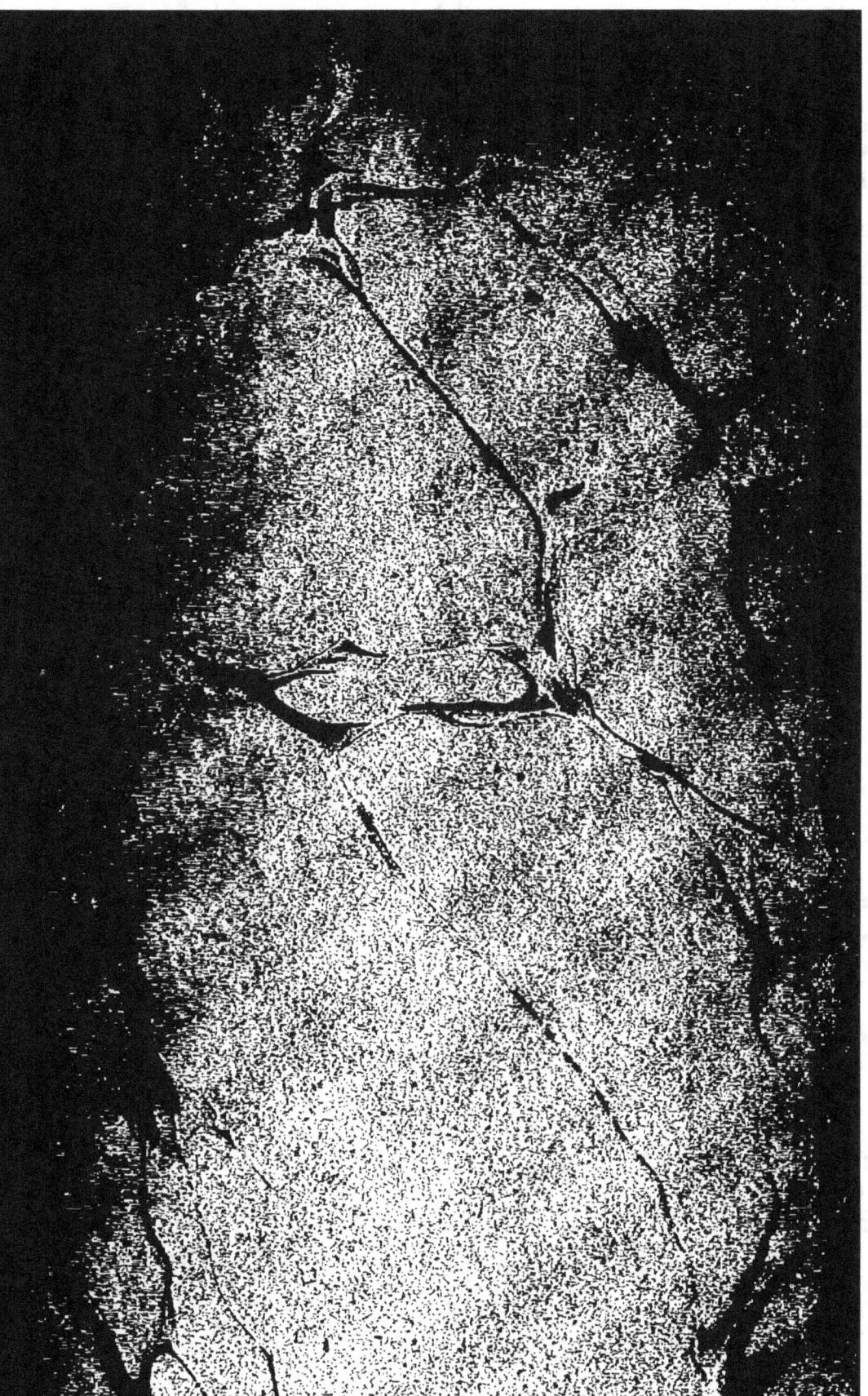

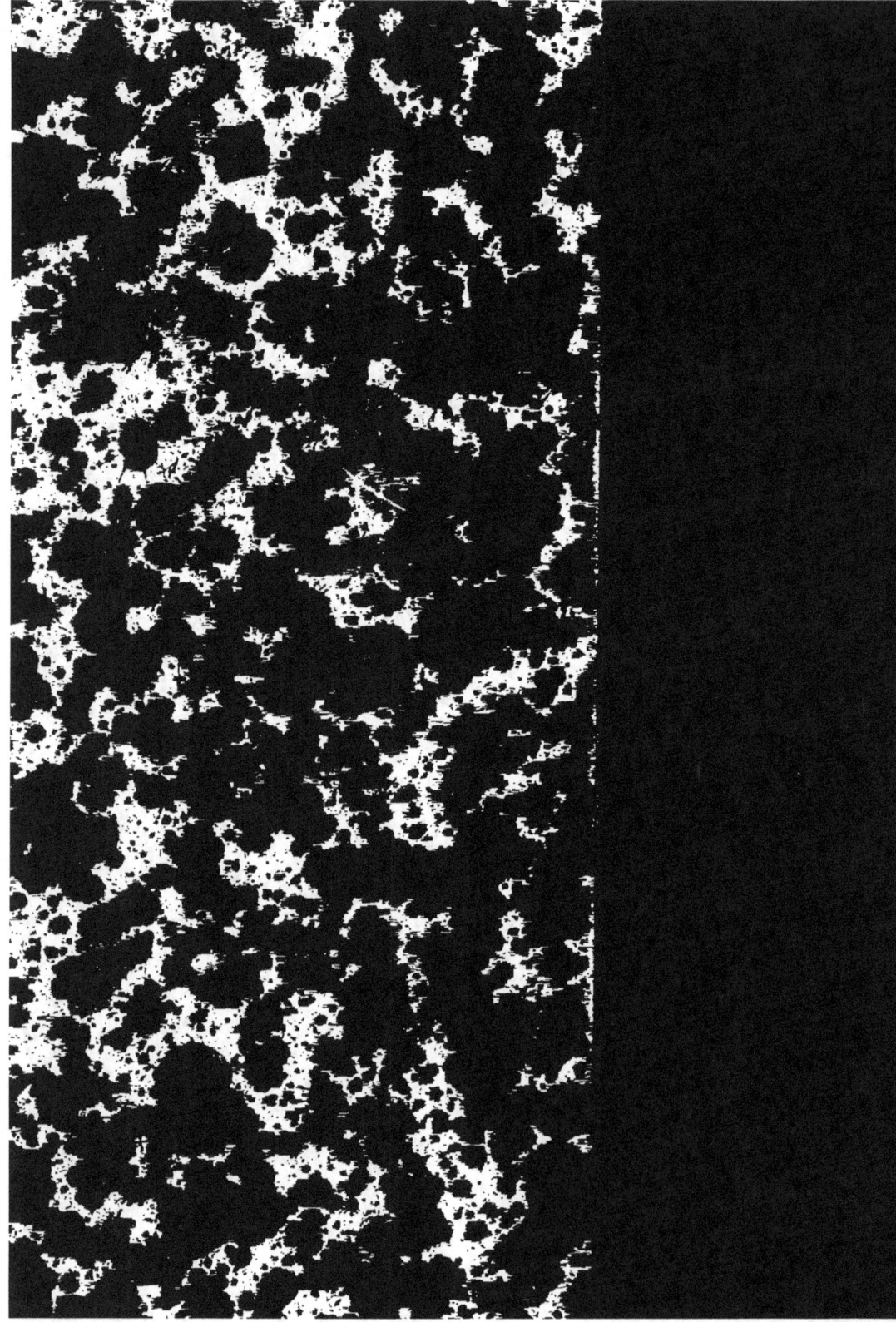

www.ingramcontent.com/pod-product-compliance
Lightning Source LLC
Chambersburg PA
CBHW030056230526
45471CB00003B/1121